5오감 : 다섯가지 감각

원문 : 안젤릭 르 투즈

일러스트 : 화가 마크 에티엔

감각이란 무엇인가요?

감각이란 우리 몸에서 끊임없이 주변의 모든 것을 분석하는 과학자 같아요.

세상이 다양한 색깔과 냄새, 그리고 소리가 있다고 느낀다면,
그것은 바로 우리의 감각들 때문이에요.
감각들이 없다면 우리는 매우 슬플 거예요!

모든 생물은 감각을 가지고 있어요.
가장 작은 아기 벌레들
까지도 말이죠!
살아가기 위해서 감각이
없어서는 안되기 때문
이에요.

사람들은 미각, 후각, 청각, 촉각 그리고 시각이 가장 많이 발달되어 있어요.
이 감각들 덕분에 우리는 맛있는 음식을 먹고 싶어하고, 꽃 향기를 맡고, 새들의 노래를 듣고, 부드러운 고양이를 쓰다듬고, 해가 지는 모습을 볼 수 있어요.

감각은 우리에게 위험을 예고하기 위해서 있기도 해요.

햄버그 스테이크에서 고약한 냄새가 난다는 것은 우리가 병에 걸릴 수 있다는 것을 알려 주죠.

자동차가 길에서 전속력으로 달리는 소리는 우리에게 길을 건너지 말라고 경고해요.

그리고 화가 나서 빨개진 재키 고모의 얼굴은 누군가 어리석은 짓을 했고, 이것을 원래 상태로 돌려 놔야 한다는 것을 말해주지요.

체험해 봐요!
나의 감각을 헤아려 봐요!

1. 조용한 장소에 서 있어 보세요.

2. 나의 감각들이 받는 모든 신호에 집중해 보세요.

3. 감각 기관에 따라서 이 정보들을 분류해 봐요.
예를 들어, 청각 : 멀리서 들려오는 새 소리, 자동차 소리, 내 배에서 나는 꼬르륵 하는 소리, 시각 : 공원의 풀과 나무들, 하늘의 구름들 등등

4. 그럼, 몇 가지의 감각이 있나요? 내가 잘 헤아린 것이 맞나요?

더 알아 보기 위해서 다음 페이지로 가봐요!

우리는 몇 가지의 감각이 있나요?

우르르르 우리의 배는 꼬르륵 소리를 내요. 분명히 배가 고픈거예요! 하지만 이것을 알기 위해 꼭 소리가 필요하지는 않아요. 우리의 몸이 느끼기 때문이죠 : 이것은 배가 고픈 느낌이에요. 이것은 또 다른 하나의 감각이기도 해요.

맞아요. 내 생각과 반대로, 우리는 다섯개 이상의 감각이 있어요. 사실, 10가지 이상이랍니다! 우리는 주변에서 일어나는 모든 것을 감지하기 때문이에요. 우리 몸 속에서 일어나는 것도 느낀답니다.

배가 고픈 느낌은 우리의 배가 비어있음을 알려줘요. 반대로, 포만감은 우리가 배부르게 먹었다는 것을 알게 해줘요. 놀랍지요! 그래서 다른 여러가지 감각이 있는 거예요.

여기서 끝이 아니에요. 또 어떤게 있냐면요 :

- 균형 감각,
이 감각은 우리가 수평을 이룰 수 있게 도와줘요.

- 온도 감각,
우리는 이 감각 덕분에 차갑고, 뜨거운 것을 알 수 있어요.

- 통각,
해로운 일이 생기면 이 감각이 우리에게 알려줘요.

- 고유 수용성 감각
이 감각은 우리의 몸에서 다른 부분들의 위치가 어딘지 느낄 수 있게 해요.

그리고 또 있어요...

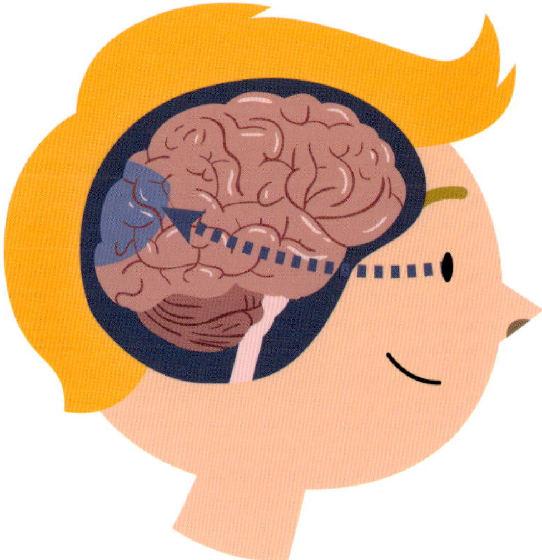

모든 감각들은 같은 방식으로 작동해요. 각종 정보들을 받는 특정 **센서들**이 있으면 충분하죠.

이 탐지하는 감각들이, 우리가 어떤 이미지, 냄새, 맛 혹은 충격을 받을 때, 이 받은 정보들을 **뇌**로 보낸답니다.

우리의 **뇌**에서는 이 특화된 **센서들**이 보내는 모든 정보들을 인식한 대로 모으고, 분석하고 또 비교해요.
우리의 **뇌**는 우리 몸이 반응하도록 명령합니다.

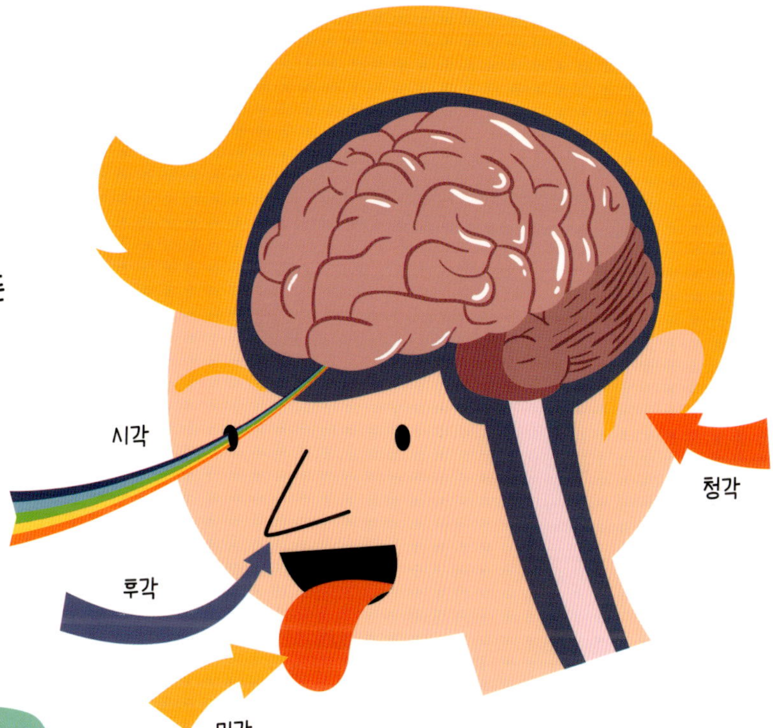

그래서 우리는 만일 친구가 어떤 무거워 보이는 물건을 전해 줄 때, 나의 **뇌**는 자동적으로 내 근육에게 “무거운 것을 들 준비를 해”라고 명령을 하는 거예요.

왜 콧속에 코털이 있나요?

콧속에 코털들은 웃기죠. 하지만 정말 유용하답니다. 공기 속에 있는 큰 먼지들을 막아요. 그래서 우리 몸에 들어가지 못하게 하고, 우리의 폐가 다치지 않게 해줘요.

우리가 현미경으로 콧속 깊이 관찰해 보면, 또 다른 매우 작은 털들이 있는 것을 볼 수 있어요.
바로 **후각모 (후각 수용체)** 예요.
이 통로를 지나는 냄새를 수천 개의 털들이 붙잡는데 이들이 바로 우리 **후각**을 담당해요.

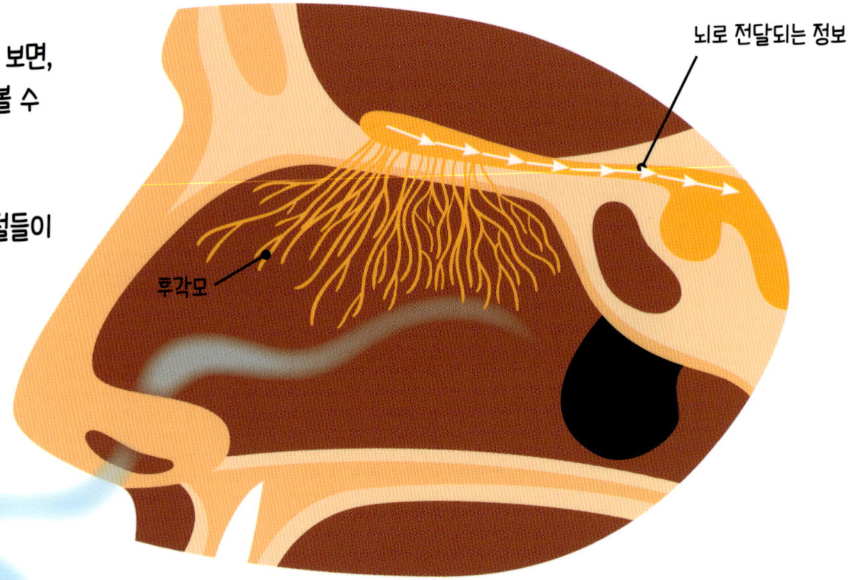

우리 몸은 전체가 작은 생물들 곧 **세포들**로 구성 되어 있어요. 어떤 **세포들**은 뇌와 정보를 교환하는 일에 특화되어 있어요. 이것을 **뉴런**이라고 해요. 모든 감각은 이 뇌세포를 사용하죠. 그리고, 이 **후각모들**은 바로 이 뉴런의 끝에 위치해 있어요.

방금 나온 따끈한 빵 냄새가 내 콧속으로 들어가면 후각모들에 붙게 돼요.
그럼 곧바로 "집중해! 맛있는 빵이 멀지 않은 곳에 있어!"라고 이 후각을 분석하여 결론을 주는 뉴런이 이 정보들을 뇌로 전달합니다.

만일 내가 배고프면 곧장 빵 가게로 들어가고 싶을 거예요.

후각은 우리의 감각 중에서 가장 예민해요.
어떤 사람들은 10,000가지 이상의 다른 냄새들을 구별할 수 있는 능력을 갖고 있답니다!

체험해 봐요! 누가 무엇을 느끼나요?

1. 친구의 눈을 붕대로 가리고 다른 것들은 느낄 수 있게 해봐요. 구운 빵, 꽃, 엄마의 향수, 강아지, 밥, 소금, 물 등

2. 느끼는 것을 맞춰보게 해요.

3. 엄청나군요! 내 친구는 열 가지 이상의 다른 냄새를 구별 할 수 있어요.

눈치챘나요? 소금과 물은 냄새가 없어요. 반면에 구운 것이나 특히, 탄 것은 매우 쉽게 알아차릴 수 있어요. 왜냐면 이것들은 위험한 불에 관련되어 있기 때문이에요. 빨리 식별할 줄 아는 것은, 우리 자신이 위험한 것을 피할 수 있게 하는 등의 빠른 반응을 하게 해요.

왜 발바닥은 간지럼을 타나요?

우리의 피부는 내 몸 가까이에서 일어나는 모든 것을 감지하는 수많은 센서들을 가지고 있어요.
더 많을수록, 우리 피부가 닿는 것에 예민해요.

우리가 더 많은 센서들을 가지고 있는 곳이 바로 발바닥이에요.
우리가 균형을 유지하는 것은 이 센서들 덕분이에요.
반면 등에는 센서가 많지 않아요. 그렇기 때문에
우리의 발바닥은 간지럼을 잘 타지만, 등은 안 타는 거예요.

손바닥, 입술, 그리고 특히 손가락 끝에,
우리가 만지는 것에 대한 정보를
우리의 뇌에 알려 주는 센서들이 많아요.

체험해 봐요!
간지럽게 해보세요.

1. 자기 스스로 발밑과 목을
간지럽게 해요.
아무 소용 없죠? 내 감각들이
이미 뇌에 나의 의도를 알려주었기
때문이에요.
간지럼을 당할 준비를 이미
한 거예요!

2. 샤워할 때, 샤워기 밑에 혓바닥을 내밀어 봐요.
어머나! 간지럽군요! 이번에는 물이 내 몸통을 동시에
간지럽게 해요. 준비할 시간이 없었죠?
간질 간질

이 **센서들**은 우리 피부의 다른 부분들에도 위치해 있어요. 어떤 센서들은 매우 깊숙이 위치해 있고, 어떤 센서들은 표면에 가까이 있답니다.

어떤 센서는 내 팔 위에 기어가는 개미 한 마리의 가벼운 **스침**도 느낄 수 있어요. 바로 이 센서들 때문에 눈이 안 보이는 맹인도 **점자**의 미세한 두께를 손가락으로 읽을 수 있어요.

어떤 센서는 신발이 너무 작아서 우리 발을 조여오는 느낌을 감지 할 수 있어요.

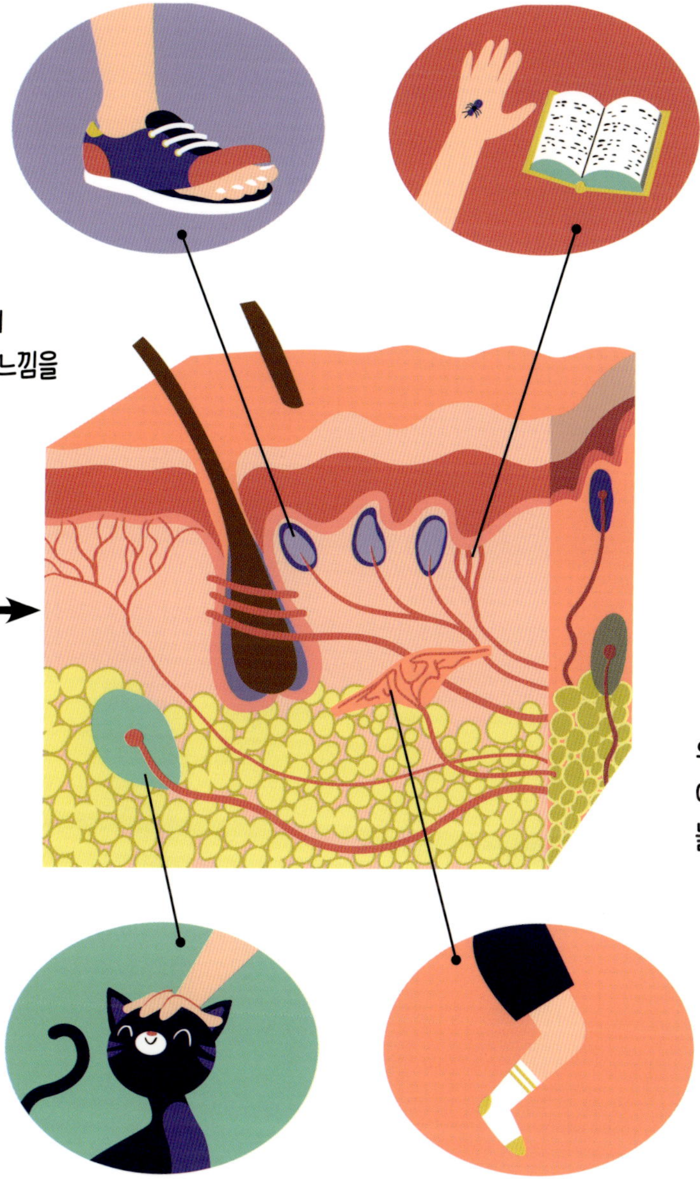

4가지 종류의 촉각 센서들

우리가 무릎을 굽히면 느끼는 것처럼 어떤 센서들은 우리에게 피부가 늘어나는 느낌을 알게 해요.

어떤 센서는 고양이의 갸르릉 하는 **떨림**도 느낄 수 있어요.

우리 피부는 외부의 공격이나 바이러스로부터 우리를 지켜줘요. 또한 우리 몸 속 수분과 열기를 보존해 준답니다.

왜 밤에 우리는 색깔을 볼 수 없나요?

만일 누군가 말하기를 "밤에 모든 고양이는 회색이야"라고 말하면, 이것은 무심코 한 말이 아니에요. 우리의 눈은 어두운 곳에서 색깔을 보지 못해요.

이것을 이해하기 위해서, 우리 함께 우리들 눈의 가장 깊은 곳에 시각을 감당하는 세포들이 있는 곳으로 가봐요.
이 시각세포들은 2가지 종류가 있어요.
아이스크림 깔때기 모양으로 생긴 원추세포와 감자튀김 모양으로 생긴 간상세포가 있어요.

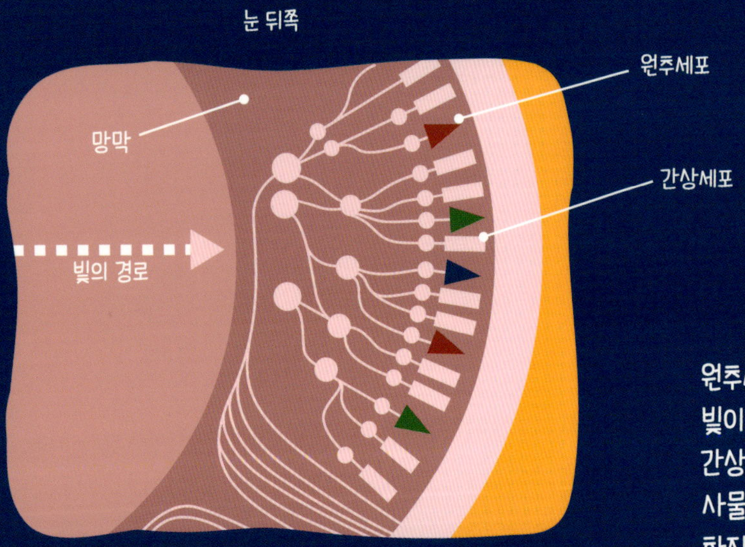

원추세포 덕분에 우리는 색을 볼 수 있어요. 하지만, 빛이 있을때만 가능해요.
간상세포는 우리에게 희미한 빛에서도 사물의 형태를 볼 수 있게 해줘요.
하지만, 색깔을 보지는 못해요.

만일 우리가 주변에 있는 것들을 볼 수 있다면, 이것은 눈으로 인식하기 전에 빛이 먼저 사물에 반사되어 볼 수 있어요. 우리가 투명하다고 생각하는 빛은 사실, 색깔들을 가득 포함하고 있어요.

만일 딸기가 빨갛다고 느낀다면, 그것은 딸기가 우리의 눈까지 반사되어 오는 빨간색만 제외하고 다른 모든 색깔은 흡수했기 때문이에요.

만일 바지가 검정색 이라면, 다른 어떤 색깔도 우리 눈으로 반사시키지 않고 모든 색깔을 바지가 다 흡수했기 때문이랍니다.

종이가 하얀 이유는 빛의 어떤 색도 흡수하지 않고 모든 빛의 색깔을 다 우리 눈까지 반사시켰기 때문이지요.

1. 우리 눈에 색깔이 있는 홍채 중앙에는, 검정색 둥근 모양의 동공이 있어요. 그곳을 통해서 빛이 들어와요.

2. 빛이 눈 안에 투명한 원형의 수정체를 지나요.

3. 수정체는 이미지를 눈 속 깊이 있는 망막에 거꾸로 반사해요.

4. 원추세포와 간상세포는 망막에 위치해서, 들어오는 이미지를 뇌로 전달하는 것을 도와요.

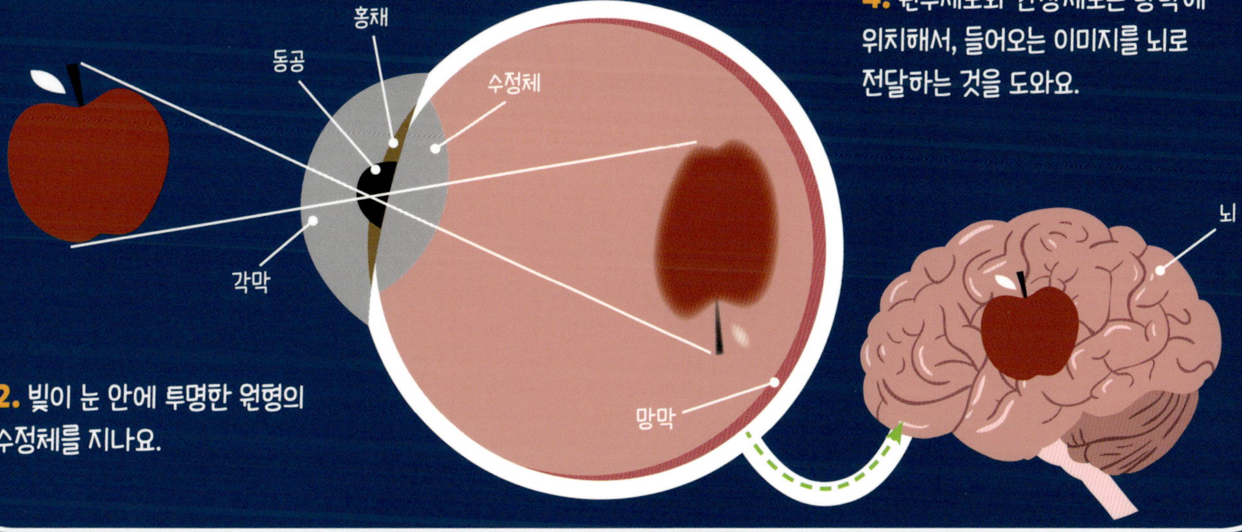

귀지는 무엇에 필요하나요?

귀속에 있는 밀랍 형태를 우리는 귀지라고 불러요. 나의 청각을 보호하기 위해서 우리의 귀는 이것을 스스로 만들어 내요.

세균들, 먼지들, 죽은 피부를 그냥 두면 되요. 귀지가 있으니까요! 고막을 손상 시키지 않기 위해서 이것들이 귀에서 나갈 수 있게 해요. 소리를 받는 매우 약한 피부예요.

귀는 소리를 변형하는 능력이 있을 정도로 매우 잘 만들어져 있어요. 공기 중에 울림을 전자 신호, 곧 뇌의 언어로 읽을 수 있답니다. 그리고 이것은, 귀 깊숙한 곳에 있는, 숨겨진 수많은 털을 가진 미세한 세포들 덕분이랍니다.

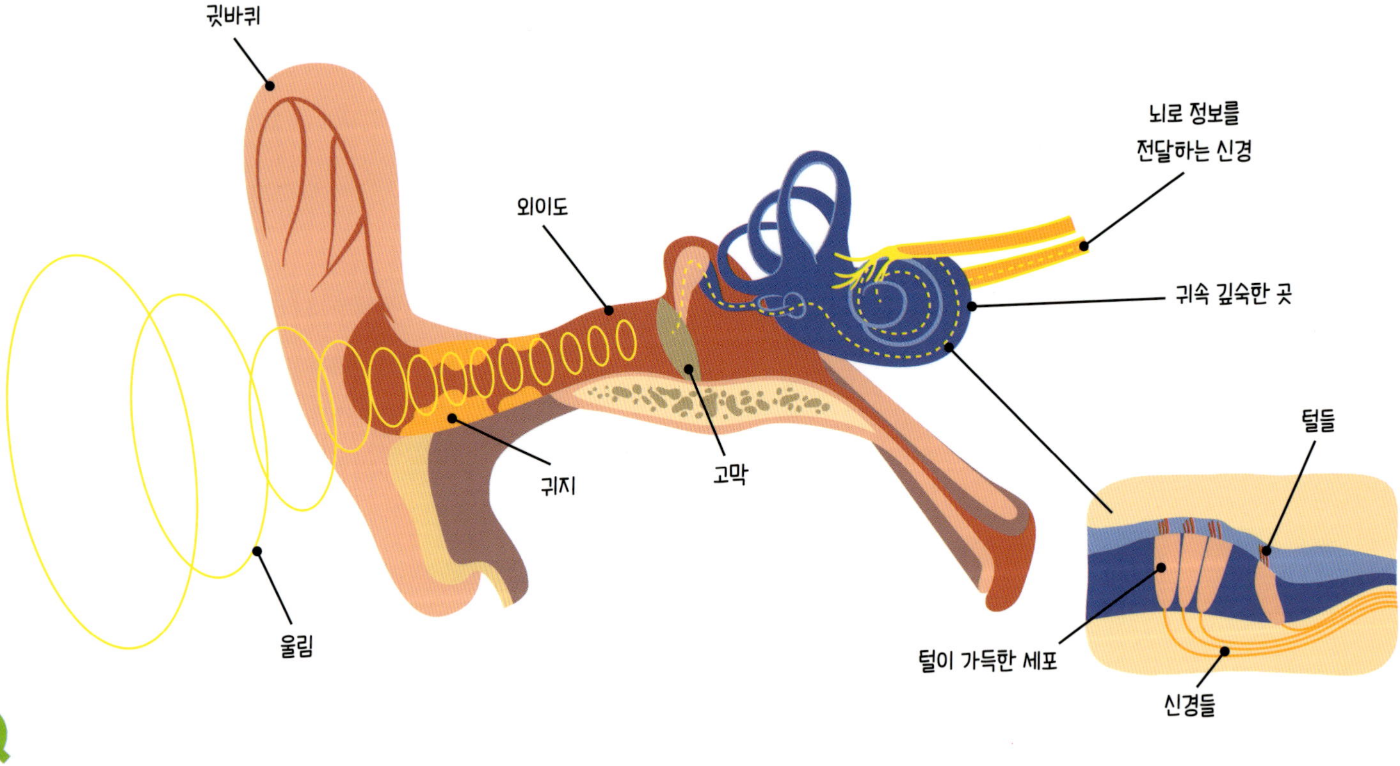

소리가 귀로 들어갈 때
소리의 음향이 먼저 귀의 고막을
진동시켜요.

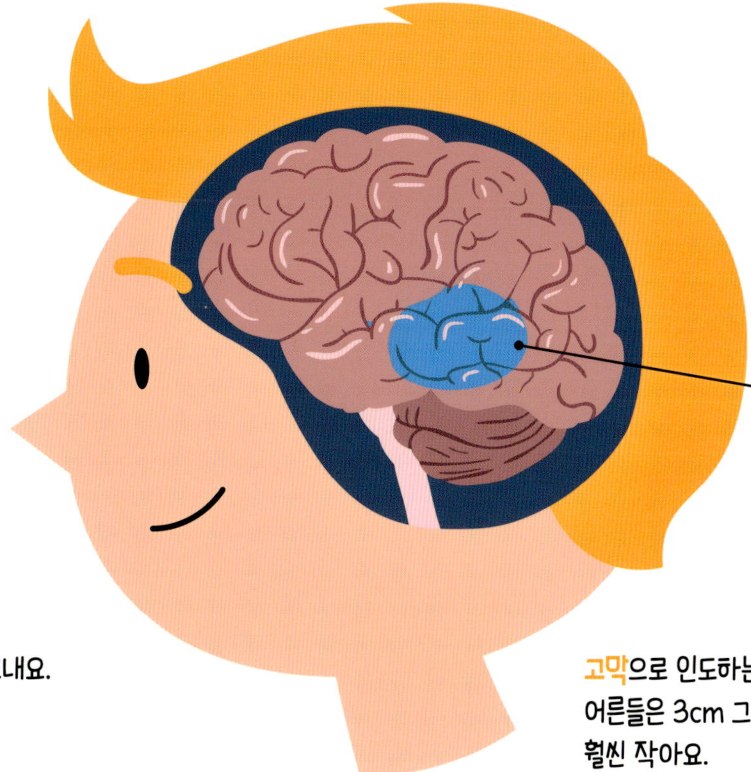

진동이 닿은 후, 액체들이
작은 세포들의 털을 움직여요.

그리고 이 세포들은 뇌로 정보를 보내요.
이 모든 일은 매우 빠른 시간에
이루어져요.

고막으로 인도하는 관은 매우 작아요.
어른들은 3cm 그리고 7살 이하는
훨씬 작아요.

우리의 귀는 약해요.
어떤 소리가 크면,
더 진동을 강하게 해서
우리의 고막을 찌를
위험이 있어요.

체험해 봐요!

우리의 귀를 씻는 법을 배워요.
귀는 자기 스스로 청소를 해요! 대부분은 우리가 손 댈 필요가 없어요. 하지만 귓바퀴에 귀지가 있을 때는 이것을 없게 할 수 있죠 : 항상 조심히, 머리를 감을 때 샤워기 미지근한 물로 하거나 식염수에 젖은 솜으로 해요.

고막에 닿지 않도록 조심하세요.

왜 감기에 걸리면 맛을 못 느끼나요?

**우리가 음식을 맛볼 때, 아무것도 필요하지 않아요.
그렇지만 감기에 걸리면 맛이 사라져요.
이 문제는 바로 우리의 코에 있어요!**

입과 코는 하나의 관 : **인두**로 연결되어 있어요. 우리가 먹을 때 음식의 **향**이 인두를 통해서 입에서부터 그 냄새를 식별하는 코 깊숙한 곳으로 올라와요.
후각 반작용 이에요. 이것이 우리 맛의 상당히 큰 역할을 담당합니다.

우리가 감기에 걸리면 코와 입의 **점액**과 **후각 반작용**이 작동하지 않아요.
그래서 맛이 싱거워지는 거예요!

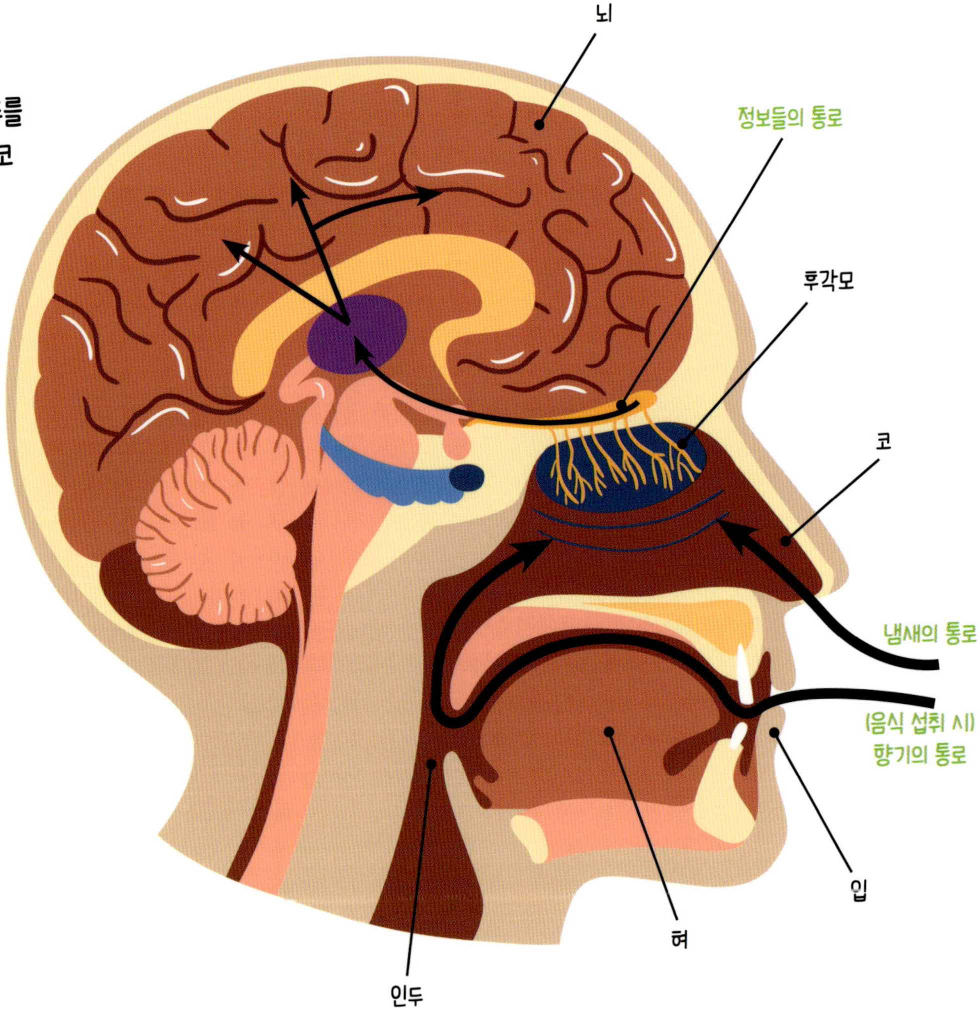

맛이 남아있는 이 작은 부위는 혓바닥 앞과 윗부분에 수백 개의 흩어진 작은 엠보스들이에요. 이것은 **미각 유두**예요. 여기에는 뇌에 연결된 수 천 개의 **센서들**이 있어요. 이것은 바로 **미뢰**예요.

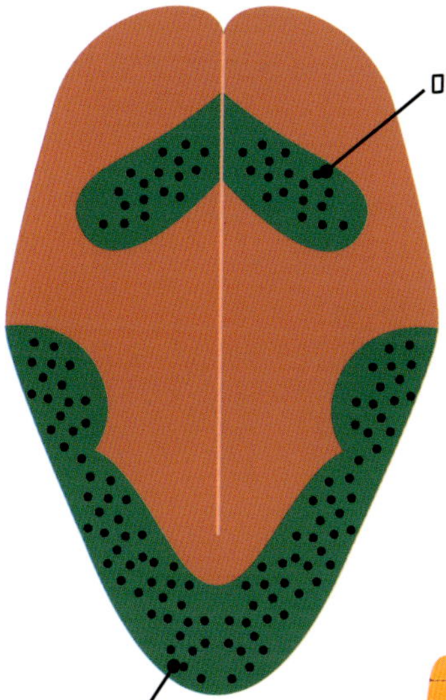

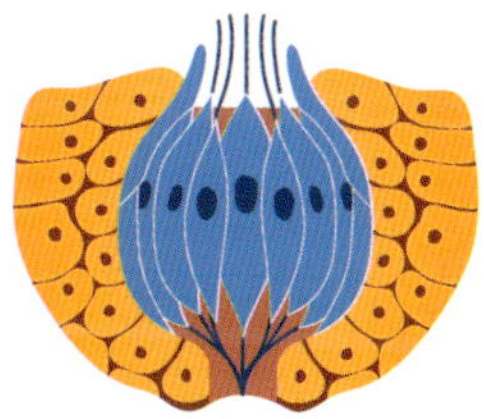

미뢰 덕분에 우리는 5가지 맛을 구분 할 수 있어요 : 단맛, 짠맛, 신맛, 쓴맛... 간장 소스, 고기, 토마토 등에서 감칠맛도 느껴요. 기름진 음식처럼, 미각유두로 식별하는 또 다른 맛들이 존재할 수 있어요.

체험해 봐요! 미각 유두를 시험해 봐요!

1. 사과랑 치즈처럼 냄새가 강한 음식을 각각 준비해요.
2. 사과를 깨물고 그 맛을 기억하도록 노력해요.

3. 코를 손가락으로 잡고 사과를 한번 더 깨물어요. 무슨 일이 생기나요?

4. 사과를 깨물고 치즈를 코 밑에 대고 숨을 쉬어 보세요. 어때요? 같은 맛이 나나요?

냄새가 없거나, 다른 냄새가 코밑에서 나면 음식의 맛은 약해져요. 냄새가 없다면, 맛도 없어요!

어둠 속에서 내 무릎이 어디에 있는지 어떻게 알 수 있을까요?

깜깜할 때 우리는 옆 친구의 무릎이 어딘지 찾기 어려워요. 하지만 자신의 무릎을 만지는 데는 잠시도 망설이지 않죠.

우리의 몸은 수 많은 작은 GPS들이기 때문이에요. 여기 <미니 GPS>가 바로 우리가 인지하지 못하는 매우 중요한 감각 **센서들**이에요 : **고유 수용성 감각**이라고 해요. 이 감각이 있어서 우리의 뇌는 끊임없이 몸의 모든 부위들이 어디에 위치했는지 알 수 있어요. 이처럼 우리는 나의 다리를 보지 않고도 걸어 갈 수 있어요!

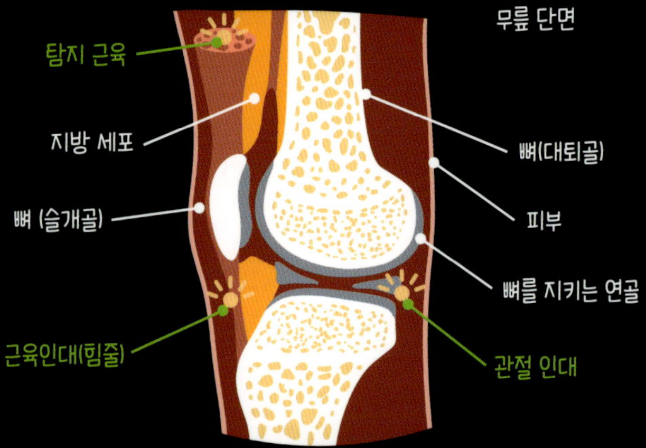

고유 수용성 감각의<midi-GPS> 들은 우리를 움직일 수 있도록 하는 관절과 골격 근육 내부에 숨어 있어요.

이들이 우리의 근육과 관절의 움직임을 뇌에 알려줘요.

우리가 태어나면서부터 우리의 **뇌**는 우리 몸이 각각 어떻게 움직이는지 배우는 시간을 가져요. 이는 심지어 우리 몸의 지도를 스스로 만들어요. 몸의 도식이에요. 그리고 우리가 배우는 모든 것들로 그 지도를 향상 시켜요.

누군가 사고로 다리 하나를 잃었을 때, 그 사람은 상당한 시간 동안, 자신의 다리가 그대로 있다고 느낄 수 있어요. 심지어는 없어진 이 다리의 아픔을 느끼기도 해요. 뇌는 우리 몸의 도식을 바꾸는데 시간이 필요해요.

고유 수용성 감각은 곡예사 같은 운동신경이 좋은 사람들에게 매우 발달이 되어있어요.

체험해 봐요! 저글링으로 우리의 고유 수용성 감각을 향상 시켜요!

넓은 장소, 그리고 각각 다른 색깔 3개의 공을 준비해요.

1. 오른손잡이라면 내 왼손에 공 하나를 잡고, 2개의 공은 오른손에 잡으세요.
왼손잡이라면 반대로 하세요.

2. 오른손에 있는 한 개의 공을 위로 던지세요. 이 공이 가장 높은 위치에 도달했을 때 왼손에 있는 공을 위로 던지세요.

3. 왼손으로 첫 번째 공을 잡아요. 2번째 던진 공이 가장 높은 위치까지 도달하면 내 오른손에 있던 세 번째 공을 던지세요.

4. 오른손으로 두 번째 공을 잡아요. 세 번째 공이 가장 높이 도달하면 첫 번째 공을 다시 던져요. 이같이 반복해요.

왜 우리는 종종 차를 타면 아플까요?

교통수단 속에서 토하고 싶거나 머리가 핑핑 도는 것 같은 고통을 받는 사람들에게 여행은 어려운 일이 될 수 있어요.

교통 수단 속에서 우리의 균형을 감지하는 감각인 균형감각이 상반된 정보를 뇌로 보내요: 풍경들이 지나가고 우리는 가만히 앉아있죠. 때로는, 우리가 아픔을 느끼게 될 때까지, 우리의 뇌는 어떻게 반응해야 하는지 몰라요.

균형은 근육과 연관이 있어요. 우리가 아무것도 하지 않을 때 우리의 골격 근육은 모두 다소 수축되어 있어요. 이것들이 우리에게 서있거나 반응 할 준비를 할 수 있게 해요. 이것은 근긴장 이예요. 이것은 뇌의 명령이 없이도 자동적으로 움직여요.

예를 들어 우리가 걸어갈 때, 우리 뇌에 정보를 알려주기 위해, 우리의 균형 감각은 특화된 조직, 전정기관을 가지고 있어요. 이것은 우리 귀의 깊숙한 부분에 자리잡고 있지요.

전정기관 안에 보면, 우리 머리가 움직일 때 동시에 같이 움직이는 수양액과 수정체 들이 있어요.
이래서, 우리의 뇌는 항상 우리의 머리가 어떻게 자리하고 있는지 알아요.

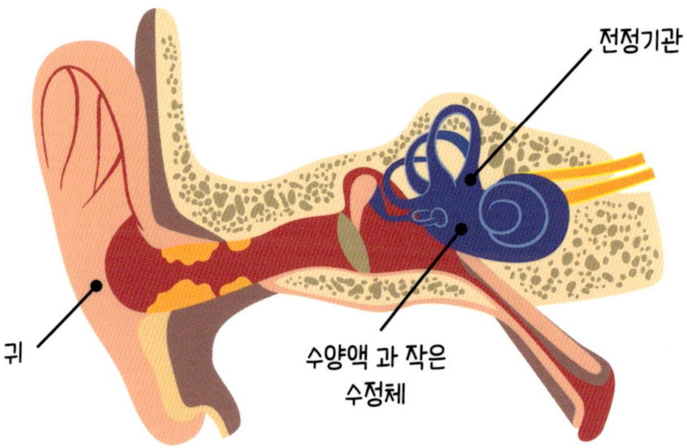

하지만 우리의 머리를 왼쪽으로 돌리거나, 위를 바라보는지 아는 것으로는 균형을 유지하기에 충분하지 않아요.
뇌는 시각이나 고유 수용성 감각 및 촉각과 같은 다른 감각들에서 오는 정보들을 사용할 수 있어요.

체험해 봐요!
친구는 균형감각이 좋은가요?

1. 양말을 벗은 채 맨발로 가만히 서보아요. 한 다리로만 설 수 있도록 다른 발을 맞대고 한 다리를 접어요.

2. 엉덩이 쪽으로 손을 놓고 눈을 감으세요.

3. 이 자세로 친구가 얼마 동안 가만히 서있을 수 있는지 초 시계를 사용해 봐요.

4. 다른 발로도 시도해 봐요.

친구가 이 연습을 꾸준히 한다면, 몸이 이것에 익숙해져요. 근육이 발달하고, 더 오랫동안 서있을 수 있게 된답니다.

닭살이 뭐예요?

추위로 인해, 작은 근육들의 수축으로 몸의 털들이 위로 설 수 있어요. 우리의 피부가 마치 털이 뽑힌 닭 피부와 비슷해요. 우리는 지금 닭(의)살을 가졌군요!

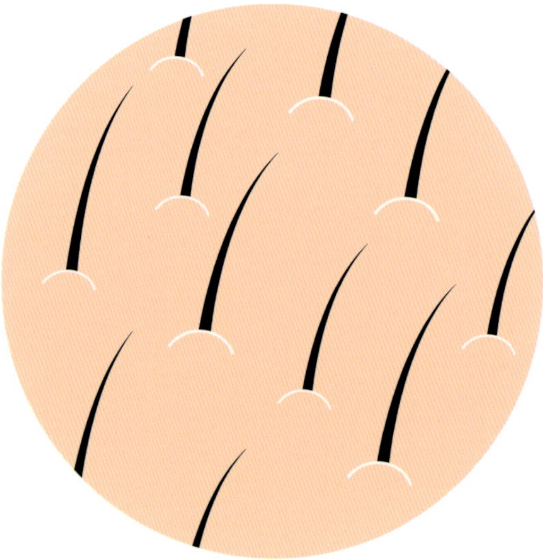

우리의 조상들은 우리 보다 훨씬 더 많은 털을 가졌어요.
추위에서는 이 털들이 서게 돼요. 그래서 피부 가까이 공기를 붙잡습니다.
이렇게 해서 열이 달아나는 것을 막아요.

오늘날, 우리는 스스로 열을 내기 위해 같은 기술을 사용해요. 바로 우리가 입는 옷으로 말이죠!
우리는 공기가 가득히 들어있는 오리털 잠바를 입어요. 혹은 여러 개의 옷을 겹겹이 껴입어요. 각 옷 층마다 있는 공기가 우리 몸의 열을 보호해요.

우리가 너무 춥거나 더운 것은 온도수용체가 우리 뇌에 정보를 알려 줬기 때문이에요. 우리 뇌의 중앙에 있는 작은 구역인 시상하부에서 이 온도 센서들을 관리해요. 이들 덕분에 시상하부 에서는 끊임없이 우리 몸을 따듯하게 해야 하는지 차갑게 해야 하는지 알아요. 이것이 온도 감각이에요.

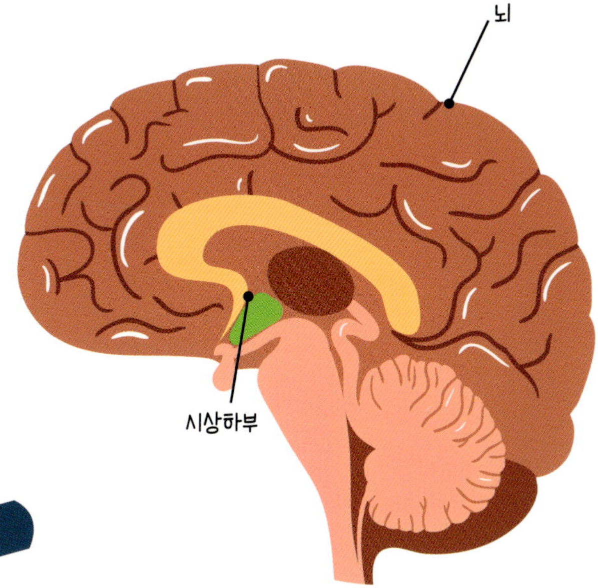

우리의 뇌는 몸의 36.5 ˚C를 지키기 위해 일해요.

만일 우리의 체온이 내려가면 우리 뇌는 피가 몸의 끝부분까지 도착하는 것을 줄이고 마비시켜서 우리 몸 내부의 열을 지켜요. 이것이 충분하지 않으면 우리는 오한을 느껴요. 우리 피부 밑의 근육은 재빨리 수축해서 열을 만들어요.

우리가 너무 더울 때는, 뇌가 우리 피부 밑의 림프샘을 활동시켜요. 땀을 만들어서 우리 몸의 열을 식혀요.

내 배는 왜 꼬르륵 거릴까요?

**때때로 우리가 배고플 때면, 괴물이 뱃속에서 울고 있는 것 같다고 해요.
그렇지만 이 꼬르륵 소리는 우리의 배고픈 느낌과는 상관이 없어요…**

이 꼬르륵 소리는 우리의 장에서 액체와 가스의 움직임 때문에 나는 거예요. 우리가 식사 전에 이 소리를 자주 듣는다면 이것은 우리의 장 근육이 배를 비우고 소화를 준비하기 위해서 빨리 수축하는 거예요. 만일 내 배가 비어있으면 이 소리는 더 울려요!

혈액과 위가 우리 몸에 에너지가 더 필요하다는 정보를 시상하부에 전달할 때 이것이 곧 배고픈 느낌을 갖도록 해요.

음식을 찾는 것이 가장 우선시 되고, 뇌의 영양분인 포도당의 부족은 우리를 성급하게 만들 수 있어요.

우리가 먹을 때, 다른 신호들은 시상하부에 우리 장에 들어온 음식들의 양과 질에 대한 정보를 전달해요.
몸에 에너지가 가득 차면, 포만감이 와요.
우리는 더 이상 배고프지 않아요. 식사를 중단할 때예요.

배고픔과 포만감이 우리 몸에 필요한 에너지를 관리하는 것처럼, 시상하부 안에 갈증을 해결하는 센서가 있어요.
이곳의 센서들이 우리 몸에 수분이 부족할 때 갈증나게 해요.

왜 상처는 아플까요?

**아야! 때로는 우리가 다쳤을 때 안 아프면 좋겠어요.
하지만 우리가 고통을 느끼는 것은 다행이에요.
우리의 보호를 위한 최고의 방법이기 때문이에요.**

아픔은 우리의 몸이 고통을 받고 있는 것을 알리는 방법이에요. 이렇게 해서 우리는 위험을 멀리하고 스스로 보살필 수 있어요.

만일 아프지 않다면, 우리는 상처를 소독해야 하고 우리 몸은 세균을 없애야 한다는 느낌을 갖지 못 할 거예요.

이것을 **통각**이라고 해요. 이 **센서들** 덕분에, 우리를 아프게 할 수 있는 모든 요소들을 뇌에 알려줘요. 매우 높거나 낮은 온도, 강한 꼬집힘, 전기 충격, 세균들...

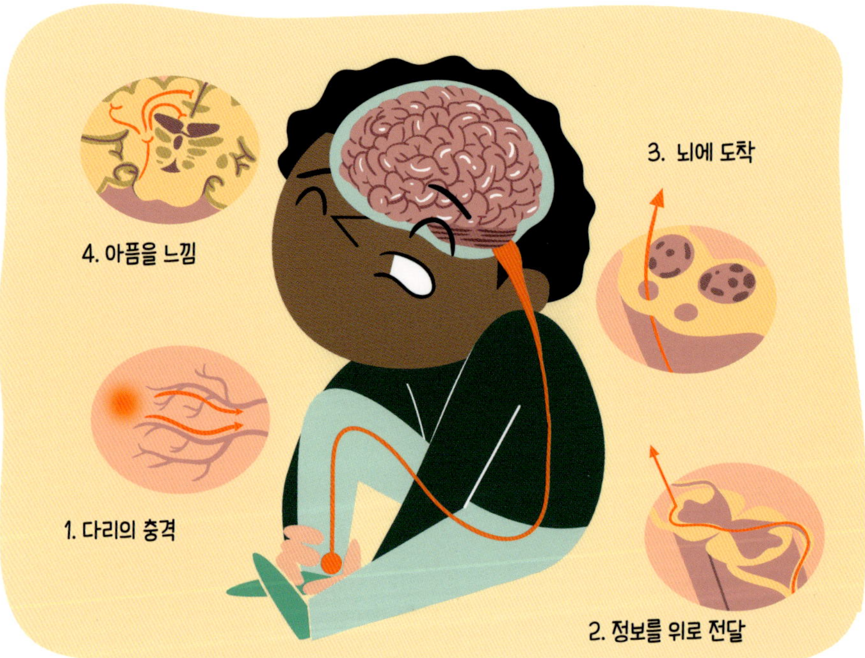

동시에, 우리의 몸은 뇌로 문제를 알려서 상처를 낫게 하는 성분을 포함한 피와 세균을 막는 군사인 면역 시스템을 데려오기 위해 모든 반응을 실시해요.

우리의 상처는 빨갛고, 따뜻하고, 부풀어 오르고, 고통스러워요.

뇌는 고통스러운 느낌을 갖게 해요. 우리가 뜨거운 접시를 만져서 데면 열기는 먼저 우리의 손을 반사적으로 뒤로 물러나게 해요. 정보가 뇌에 전달된 후에야 우리가 고통을 느껴요.

경험해 봐요! 혹을 문질러 봐요.

한방 맞아서 아픈가요? 혹이 난 곳을 문질러 보세요. 기적이에요. 덜 아프죠?
왜냐면 피부를 문지르면서 촉각 센서들을 활성화시켰고, 이것은 뇌에 분석해야 할 많은 정보들을 주었기 때문이에요.

왜 강아지들은 어디서나 킁킁 냄새를 맡나요?

우리의 손, 땅, 기둥… 모든 것은 강아지들의 호기심을 깨우기에 적합해요. 정상적인 거예요. 강아지들의 후각은 너무나 발달이 되어서 이 냄새들은 강아지에게 어디서나 존재하는 정보 더미거든요.

모든 생명체들은 감각이 있어요. 어떤 이들은 우리와 같거나 더하거나, 덜 발달되어 있죠.
고양이들은 눈에 더 많은 **간상세포**를 가지고 있어요. 이것들은 고양이들이 밤에도 볼 수 있게 해요. 하지만 고양이들은 **원추세포**가 적어요. 그래서 색깔이나 자세한 것을 잘 보지 못해요.

송어들, 빌들, 그리고 어떤 철새들은 **땅의 자성**에 예민해요.
송어들은 나침반처럼 방향을 완벽하게 감지해요.

시각 챔피언은 맹금류들이에요. 이 새들은 멀리 있는 자신들의 먹이를 찾아야 해요. 독수리는 2km 앞에 있는 토끼의 움직임을 식별할 수 있어요.

살무삿과의 뱀은 코와 눈 사이에 암흑에서도 먹이를 찾을 수 있는 열 탐지 작은 구멍을 가지고 있어요.

냄새가 가는 길

양식을 찾아 순회하는 개미를 관찰해요.
그리고 가는 길에 방해물을 놓아 보세요.
어떤 일이 생기나요?

첫 번째로 개미들은 이 방해물을 지나가기 위해 다른 길을 선택할 거예요. 그리고 나서 조금씩 개미들은 가장 짧은 길을 선택할 거예요. 각각 지나는 길마다 개미들은 냄새, 페로몬을 배치하는데, 이것을 자신의 더듬이로 감지하면서 길을 낼 수 있어요.

우리가 감각을 잃으면 무슨 일이 생기나요?

사람들은 연로함, 사고 혹은 질병으로 인해 감각을 잃기도 해요. 그러면 다른 방법으로 살아가는 법을 배워야 하죠.

우리의 감각들은 마치 하나의 팀처럼 작동해요. 이들은 뇌에 끊임없이 수많은 정보들을 제공해요.

어떤 감각이 사라지게 되었을 때, 뇌는 다시 조직화해요. 시각이 없으면, 다른 감각들 중 특히 청각과 촉각이 더 사용되고 발달해요.

미각은 후각에 달려있어요. 후각을 잃었을 때, 우리는 미각의 대부분을 상실해요. 통각상실은 매우 심각한 거예요. 부상을 경고하는 경보 신호가 없다면, 우리는 크게 다칠 수 있어요.

항상 감각을 완전히 잃어 버리지 않아요.
우리는 예를 들어서 시력이 약한 사람일 수 있어요.

어떤 사람들은 멀리 있는 것을 흐릿하게 볼 수 있어요. 이들을 근시라고 해요. 색각이상이 있는 사람들은 특정 색깔을 헷갈려 해요. 다른 어떤 사람들은 색맹으로 힘들어 하는데 이들은 색을 전혀 보지 못해요.

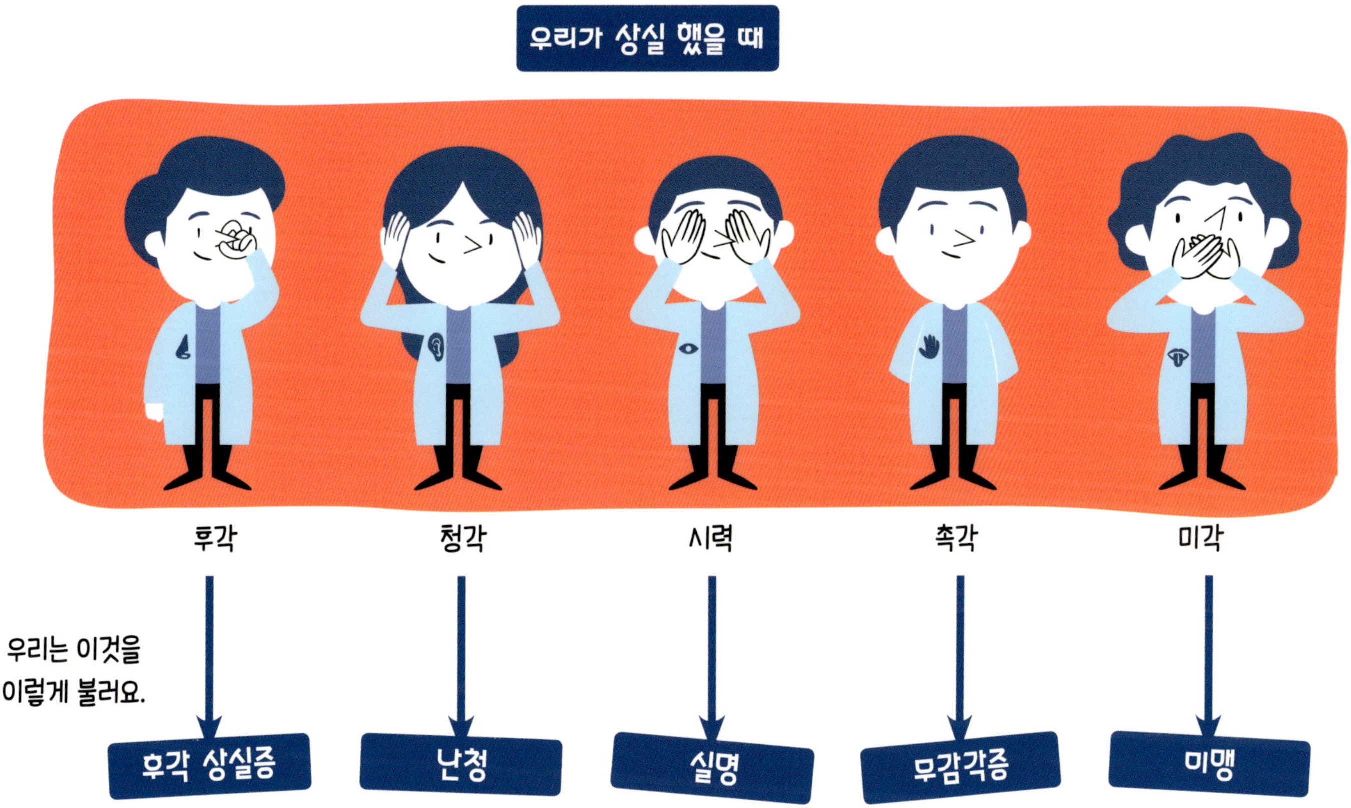

우리는 초감각을 가질 수 있나요?

우리의 뇌는 모두 달라요. 우리가 부모님에게 무엇을 물려 받았는지, 우리의 교육 환경에 따라 달라요! 어떤 사람들은 믿기 어려울 정도로 놀라운 감각을 받았어요.

어떤 이들의 눈은 1.5를 뛰어 넘는 시력을 가졌는데, 이것은 10m 거리에서 두 점 사이의 2cm 거리가 있다는 것까지 볼 수 있어요!

다른 사람들은 절대 음감을 가졌어요. 어떤 소리도 듣기만 하면, 이들은 이 음에 맞는 음계를 바로 식별할 수 있어요.

어떤 이들은 잘 알려지지 않은 능력을 가졌어요. 바로 공감각이라는 거예요. 이 사람들의 뇌는 두가지 감각을 연합시키는데 예를 들어 소리를 들으면 색깔을 볼 수 있어요. 음악이 주는 영감을 그림으로 그릴 수 있어요. 가장 잘 알려진 공감각으로, 이 감각을 가진 사람들은 글자를 색깔로 볼 수 있어요.

우리는 모두 무엇인가 외워야 할 때 특히 더 선호하는 감각이 있어요. 어떤 사람들은 **시각**을 더 사용하고, 다른 이들은 **청각**을, 또 다른 사람들은 **운동감각**을 사용해요. 운동감각을 사용 하는 사람들은 자신의 움직임을 통해, 배운 것들을 주변의 소리, 냄새, 장소들과 연결 시켜서 기억해요.

체험해 봐요! 친구가 제일 좋아하는 감각은 뭐예요?

1. 주변에 사람에게 6개 이상의 다른 단어들이 적혀 있는 3개의 리스트를 달라고 부탁해요.

2. 각각의 리스트를 주어진 2분을 사용해서, 다른 방법으로 외워봐요. 첫 번째 리스트는 적어보거나, 도식으로 외워요. 두 번째는 큰 소리로 반복하면서, 마지막 리스트는 방안에서 움직이면서 외워보세요.

3. 어떤 방법이 가장 기억에 남나요?

오감 : 단어장

이 페이지는 우리가 오감을 설명할 때 가장 많이 사용하는 단어들을 설명하고 있어요. 우리 친구도, 집이나 학교에서 활동할 때 이 단어들을 자주 마주칠 거예요.

색맹 : 눈에 오는 희귀한 질병. 흑색과 백색으로만 시력을 갖음.

향(향로) : 향기, 좋은 냄새.

관절 : 두 뼈 사이의 움직임을 돕기 위해 있는 부분.

간상세포 : 눈에 있는 세포로 어두움과 밝음을 구분할 수 있게 함.

점자(Louis Braille에 의해 만들어짐) : 맹인들이 손가락으로 더듬어 입체감을 읽도록 만든 시각 장애인용 문자.

세포 : 매우 작은 살아있는 유기체, 우리 몸의 전체를 구성함.

귀지 : 우리의 귀가 이물질들로부터 우리의 귀를 보호하기 위해 만들어진 오렌지 색의 밀랍 따위.

뇌 : 우리 머리에 위치한 기관. 감각의 모든 정보를 받아들이고 우리 몸을 조절함.

후각모 : 콧 속 깊은 곳에 위치한 후각을 감지하는 센서.

원추세포 : 눈 세포가 색깔을 구분할 수 있도록 함.

색각이상 : 눈에 오는 질병. 특정 색깔을 혼돈함.

센서 : 감각하는 정보들을 잡아내고 뇌로 전달하는 뉴런.

싱거운 : 맛이 없음.

포도당 : 설탕.

미각 : 음식 맛을 감지하는 감각.

시상하부 : 뇌의 한 구역으로 특히 배고픔과 포만감 그리고 체온을 관리함.

전염 : 우리 몸에 박테리아나 바이러스 등이 침입하여 병에 걸리게 함.

운동감각 : 무언가를 외우거나 배운 것을 자신의 움직임 혹은 주변과 연관시키기 위해 운동력이 필요함.

땅의 자성 : 자석과 같은 역할을 하는 땅의 중심부에서 발현되는 파동과 비슷함. 이것들은 방패 모양을 형성하여 우리를 바람이나 해로부터 보호함.

미생물 : 육안으로 볼 수 없는 미세한 생명 조직체이며, 종종 질병을 일으킴.

현미경 : 우리가 관찰하는 것을 확대하는 기구.

점액 : 끈적이는 물질로서 특히 코가 이물질을 잡기 위해 만들어냄.